Betriebswirtschaftslehre

Eine Einführung in hierarchischen Modulen

*Band 6 – Institutionaler Rahmen
von Betrieben –*

Eike Clausius

Danksagung

Der Verfasser bedankt sich an dieser Stelle bei all denjenigen, mit deren Anteilnahme und Mithilfe dieser Band entstanden ist. Besonders meine Studenten/ -innen der Einführung in die Betriebswirtschaftslehre trugen durch ihr ständiges Hinterfragen und ihre hilfreichen Anregungen zum Entstehen dieses Werkes bei.

Mein Dank geht hier auch an meinen wissenschaftlichen, studentischen Mitarbeiter (BA BWL & BA Hons Business in spe) Kevin Reuther sowie meine wissenschaftliche Mitarbeiterin Dipl-oec. Petra Grundke. Beide haben mit intensivem Interesse und hohem persönlichen Einsatz viel zur Erstellung dieses Bandes beigetragen. Ihnen sei auch für die Ermunterungen und Diskussionen gedankt.

Mein ganz persönlicher Dank gilt meiner Frau Evelyn, die mich vor familiären und zeitlichen Blockaden bewahrt, unterstützt und mir stets Mut zugesprochen hat: Ihr widme ich diese Publikation.

Eike Clausius Berlin/ Zwickau 2015

Betriebswirtschaftslehre

– Eine Einführung in hierarchischen Modulen –

Band 6
– Institutionaler Rahmen
von Betrieben –

Eike Clausius

Berlin/ Zwickau 2015

Bibliografische Information der Deutschen Nationalbibliothek:
Die Deutsche Nationalbibliothek verzeichnet diese Publikation in der Deutschen Nationalbibliografie; detaillierte bibliografische Daten sind im Internet über http://dnb.dnb.de abrufbar.

© *2015 Dr. Eike Clausius*

Illustration: Dr. Clausius Consulting

Herstellung und Verlag: BoD – Books on Demand, Norderstedt

ISBN: 9-7838-3704-725-7

Inhaltsverzeichnis

Abbildungsverzeichnis

1. Einführung in die Betriebswirtschaftslehre

Siehe Betriebswirtschaftslehre – eine Einführung in hierarchischen Modulen – Band 1.

2. Betrieb als Erkenntnisobjekt der Betriebswirtschaftslehre

Siehe Betriebswirtschaftslehre – eine Einführung in hierarchischen Modulen – Band 2.

3. Konstitutionaler Rahmen von Betrieben

Siehe Betriebswirtschaftslehre – eine Einführung in hierarchischen Modulen – Band 3.

4. Konstitutionaler Rahmen: privatrechtliche Rechtsformen von Betrieben

Siehe Betriebswirtschaftslehre – eine Einführung in hierarchischen Modulen – Band 4.

5. Konstitutionaler Rahmen: Unternehmenswendepunkte

Siehe Betriebswirtschaftslehre – eine Einführung in hierarchischen Modulen – Band 5.

6. Institutionaler Rahmen von Betrieben

6.1 Betriebsgröße

B ETRIEBSGRÖßE

Der Betrieb wurde in einem vorherigen eBook als System[1] gekennzeichnet. Dabei wurde das Kriterium der Größe des Systems Betrieb vernachlässigt, obwohl zwischen der Größe und der Beherrschbarkeit eines Systems ein direkter Zusammenhang besteht.

Abbildung 51 - Kriterien zur Betriebsgrößenabgrenzung

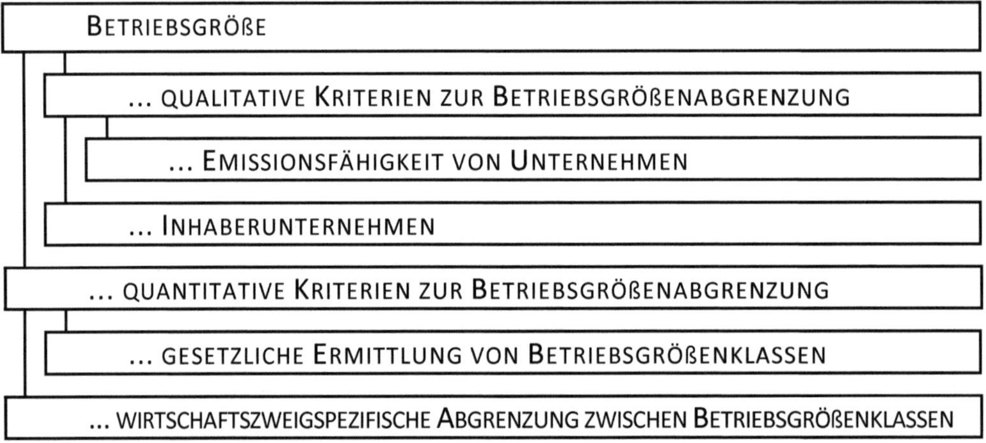

Die Größe eines Betriebs entzieht sich jedoch der Messbarkeit in einer eindimensionalen Größe. Vielmehr sind mehrere Merkmale nebeneinander notwendig, um zur Bestimmung der Betriebsgröße beitragen zu können. Dabei erscheint es schwierig, objektive Kriterien in eindeutiger Weise zu benennen, ohne durch eine notwendige Auswahl und Gewichtung der einzelnen Maßgrößen subjektive Einflüsse überhandnehmen zu lassen. Darüber hinaus sollen betriebsgrößenspezifische Besonderheiten nicht übersehen werden.

---

[1] Vgl. dazu Band 2 dieser Reihe: Betrieb als System.

Als Unterscheidungskriterien bezüglich unterschiedlicher Betriebsgrößen werden herangezogen

- QUALITATIVE KRITERIEN ZUR BETRIEBSGRÖSSENABGRENZUNG UND
- QUANTITATIVE KRITERIEN ZUR BETRIEBSGRÖSSENABGRENZUNG.

QUALITATIVE KRITERIEN ZUR BETRIEBSGRÖSSENABGRENZUNG

Als **qualitative Abgrenzungskriterien** zur Klassifikation von Betrieben nach
ihrer Größe dienen zwei Merkmale, mit denen sich jedoch Betriebe nur bis zu
einem gewissen Grade als Klein- und Mittelbetriebe von Großunternehmen
abgrenzen lassen, jedoch eine Abgrenzung zwischen Kleinbetrieben von Mit-
telbetrieben anhand dieser Kriterien nicht möglich erscheint. Als Abgrenzungskriterien ließen sich nennen die

- EMISSIONSFÄHIGKEIT VON UNTERNEHMEN UND
- INHABERUNTERNEHMEN.

EMISSIONSFÄHIGKEIT VON UNTERNEHMEN

Klein- und Mittelbetriebe haben aufgrund ihrer Rechtsform nicht die Möglichkeit, durch die **Emission** (Begebung) von Eigen- oder Fremdkapitaltiteln in
Form von Aktien oder Obligationen sich Kapital am Kapitalmarkt zu beschaffen. Großunternehmen der Rechtsform der Aktiengesellschaft steht diese
Möglichkeit offen.

INHABERUNTERNEHMEN

Das Merkmal **Inhaber- oder Eigentümerunternehmen** grenzt Betriebe dahin-
gehend ab, dass sich die Kapitalanteile des Unternehmens unabhängig von
seiner Rechtsform im überwiegenden Teil aus den Anteilen der Inhaber/ Eigentümer darstellen lassen und das Unternehmen vom Inhaber/ Eigentümer ge-
führt wird. Großunternehmen haben weder eine derartige **Selbstorganschaft**,
noch sind die Anteilseigner gleichzeitig in der Unternehmensführung tätig.

Als **quantitative Abgrenzungskriterien** lassen sich neben Größen wie Anlagevermögen, Umlaufvermögen, Raum- oder Flächenabmessung des Betriebs drei weitere Kriterien entsprechend der §§267 HGB sowie §1 PublG zur Klassifikation von Betrieben nennen

- die Beschäftigtenzahl,
- die Umsatzerlöse sowie
- die Bilanzsumme.

Unter Zugrundelegung dieser Kriterien können Betriebsgrößenklassen formuliert werden aufgrund

- GESETZLICHE ERMITTLUNG VON BETRIEBSGRÖSSENKLASSEN UND

- WIRTSCHAFTSZWEIGSPEZIFISCHE ABGRENZUNG ZWISCHEN BETRIEBSGRÖSSENKLASSEN.

GESETZLICHE ERMITTLUNG VON BETRIEBSGRÖSSENKLASSEN

Das HGB unterscheidet (bezüglich der Rechnungslegungspflichten) neben Einzel- und Personengesellschaften zwischen Größenklassen der Kapitalgesellschaften (§§238- 263, 267 HGB)

- kleine Kapitalgesellschaften,
- mittelgroße Kapitalgesellschaften und
- große Kapitalgesellschaften.

Die Zuordnung zur entsprechenden Größenklasse erfolgt grundsätzlich nur dann, wenn an zwei aufeinanderfolgenden Bilanzstichtagen die maßgeblichen Kriterien über- bzw. unterschritten sind (§267 Abs. 4 Satz 1 HGB).

WIRTSCHAFTSZWEIGSPEZIFISCHE ABGRENZUNG ZWISCHEN BETRIEBSGRÖSSENKLASSEN

Über die gesetzliche Ermittlung von Betriebsgrößenklassen hinausgehende Abgrenzungskriterien zwischen Klein-, Mittel- und Großbetrieben zu finden, stellt sich wesentlich schwieriger dar, als die reine Anwendung gesetzlicher Bestimmungen zur Klassifikation, da sowohl subjektive Einflüsse wirksam werden, als auch branchen- bzw. **wirtschaftszweigabhängige Kriterien** berücksichtigt werden müssen.

So können Differenzierungen von Betrieben nach Wirtschaftszweigen vorgenommen und die wiederum innerhalb der einzelnen Branchen durch Schwellenwerte zur Kategorisierung der Klein-, Mittel- und Großbetriebe fortgesetzt werden. Einen Überblick liefert die folgende Abbildung.

Abbildung 52 - Kriterien für Größenklassen von Kapitalgesellschaften nach §267 HGB (Stand: März 2010)

Beschäftigtenzahl [im Jahresdurchschnitt]	Umsatzerlöse [in Mio. €]	Bilanzsumme [in Mio. €]
kleine Kapitalgesellschaft (§267 Abs. 1 HGB)		
bis 50	bis 9,68	bis 4,84
mittelgroße Kapitalgesellschaft (§267 Abs. 2 HGB)		
bis 250	bis 38,5	bis 19,25
große Kapitalgesellschaft (§267 Abs. 3 HGB)		
über 250	über 38,5	über 19,25
Großunternehmen (§1 PublG)		
über 5.000	über 130	über 65

Als Großunternehmen gelten, unabhängig von der Rechtsform diejenigen Unternehmen, deren Größenmerkmale sich in dem in der Abbildung genannten Bereich bewegen.

Abbildung 53 - Branchenspezifische Festlegung von Schwellen-werten zur Abgrenzung zwischen Klein-, Mittel- und Großbetrieben bezüglich der quantitativen Kriterien Beschäftigtenzahl und Umsatzerlös

Beschäftigtenzahl [im Jahresdurchschnitt]	Schwellenwerte Beschäftigtenzahlen	Umsatzerlöse
Industrie		
Kleinbetriebe	bis 49	bis 1 Mio. €
Mittelbetriebe	50 bis 499	1 bis 12,5 Mio. €
Großbetriebe	500 und mehr	über 12,5 Mio. €
Handwerk		
Kleinbetriebe	bis 2	bis 50 T€
Mittelbetriebe	3 bis 49	50T€ bis 1 Mio. €
Großbetriebe	50 und mehr	über 2 Mio. €
Großhandel		
Kleinbetriebe	bis 9	bis 0,5 Mio. €
Mittelbetriebe	10 bis 199	0,5 bis 25 Mio. €
Großbetriebe	200 und mehr	über 25 Mio. €
Einzelhandel		
Kleinbetriebe	bis 2	bis 250 T€
Mittelbetriebe	3 bis 99	250 T€ bis 5 Mio. €
Großbetriebe	100 und mehr	über 5 Mio. €
Verkehr		
Kleinbetriebe	bis 2	bis 50 T€
Mittelbetriebe	3 bis 49	50 T€ bis 1 Mio. €
Großbetriebe	50 und mehr	über 1 Mio. €
Dienstleistungen		
Kleinbetriebe	bis 2	bis 50 T€
Mittelbetriebe	3 bis 49	50 T€ bis 1 Mio. €
Großbetriebe	50 und mehr	über 1 Mio. €

6.2 Betriebsorganisation

6.2.1 Organisation

Abbildung 54 - Aspekte des Begriffs Organisation

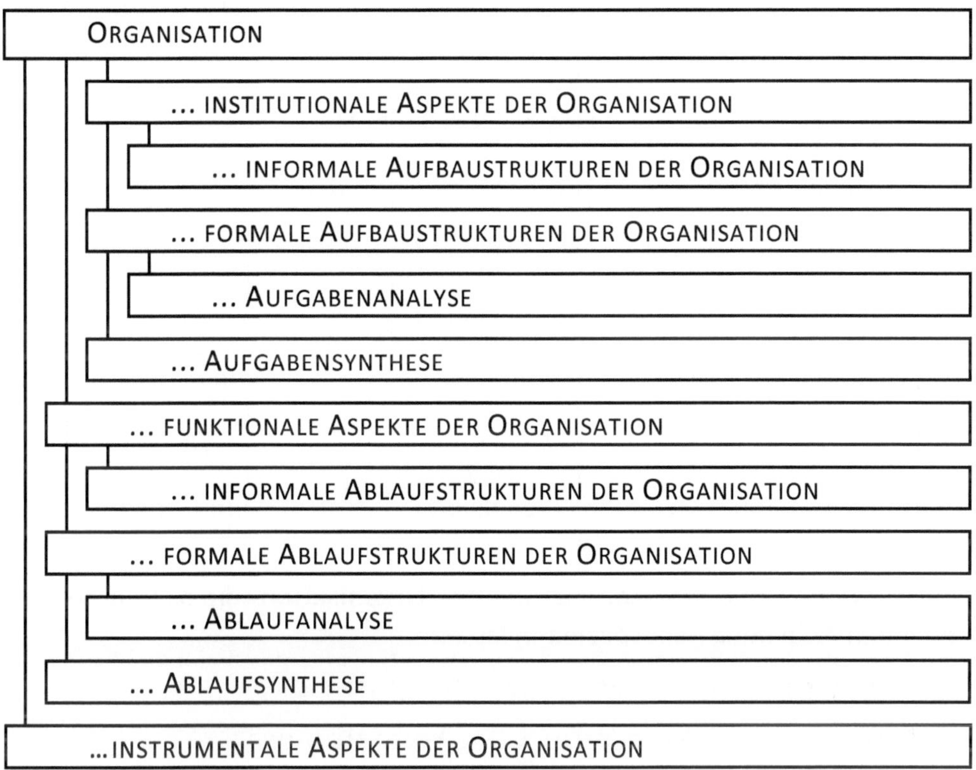

Das Erkenntnisobjekt der Betriebswirtschaftslehre ist der Betrieb. Im Betrieb sind unterschiedliche Elemente vorhanden, die in einer vernetzten Struktur miteinander in Beziehung stehen; sie bilden das betriebliche System. Dieses System ist zielgerichtet; sein Ziel wird als Betriebsziel bezeichnet. Das Betriebsziel wird durch die Verwirklichung eines definierten Betriebszwecks erreicht, der in der Erstellung von Gütern in Form von Sach- und/ oder Dienstleistungen für den Bedarf Dritter besteht und die am Markt zum Tausch angeboten werden. Zur Erreichung des Betriebsziels ist es notwendig, dass die

Elemente des Betriebs nicht ungebunden und beziehungslos nebeneinander stehen, sondern in einer das Betriebsziel unterstützenden Art und Weise zusammengefügt werden, und sie somit in eine gefügehafte Ordnung zu bringen (Kosiol).

Abbildung 55 - unterschiedliche Aspekte des Begriffs Organisation

Es existieren drei Sichtweisen des Begriffs **Organisation**, die sich in der vorstehenden Abbildung nachvollziehen lassen

- INSTITUTIONALE ASPEKTE DER ORGANISATION,
- FUNKTIONALE ASPEKTE DER ORGANISATION UND
- INSTRUMENTALE ASPEKTE DER ORGANISATION.

INSTITUTIONALE ASPEKTE DER ORGANISATION

Bei der **institutionalen Sichtweise** wird **Organisation** als zielgerichtetes soziales System aufgefasst, d.h. der Betrieb *ist* eine Organisation. Darüber hinaus lässt sich der Betrieb selbst als zielgerichtetes soziales System als Organisation bezeichnen.

Die Strukturierung der Organisation bezieht sich auf dessen Gebildestrukturen. Die **Gebildestruktur** beschreibt die institutionalen Aspekte der Organisation, die die Elemente des Systems und ihre Beziehungen untereinander betrachtet. Teil- und **Elementaraufgaben** werden zu Aufgabenkomplexen zusammengefasst, den Aufgabenträgern zugeordnet unter Berücksichtigung von Aufgaben-, Kompetenz- und Verantwortungsbereichen von Personen- oder Personengruppen sowie des Gesamtunternehmens. Sie wird als **Aufbauorganisation** bezeichnet und im Wesentlichen als institutionale Struktur des Unternehmens konkretisiert. Aufgrund unterschiedlicher Ausprägungen werden abgegrenzt

- INFORMALE AUFBAUSTRUKTUREN DER ORGANISATION UND

- FORMALE AUFBAUSTRUKTUREN DER ORGANISATION.

INFORMALE AUFBAUSTRUKTUREN DER ORGANISATION

Informale Strukturen werden durch personenorientierte Lancierungen beschrieben, die sich durch individuelle Präferenzen (Vorziehenswürdigkeiten) der Systemmitglieder als netzartige Struktur einer Organisation (`Seilschaften´ als informelle Aufbaugruppen) ergeben.

FORMALE AUFBAUSTRUKTUREN DER ORGANISATION

Die **formale Struktur** der Organisation beschreibt eine bewusst rational geschaffene Struktur zur Erzielung des Betriebszwecks.[2] Diese formalen Strukturierungstätigkeiten lassen sich bestimmen durch die

- AUFGABENANALYSE UND

- AUFGABENSYNTHESE.

---

[2] Vgl. zu `Betriebszweck´ in Band 2 in dieser Reihe.

Die **Aufgabenanalyse** geht von der Gesamtaufgabe des Unternehmens, d.h. dem Betriebszweck aus. Der Betriebszweck ist i.d.R. so global formuliert, dass er nicht direkt erfüllt werden kann, sondern zur Erreichung muss er in Teilaufgaben sukzessive verfeinert und bis hin zu den **Elementaraufgaben** zerlegt werden. Es entsteht ein Aufgabengliederungsgefüge, das die in Teilaufgaben zerlegten Gesamtaufgaben mitsamt den zwischen ihnen bestehenden Beziehungen darstellt (**Aufgabengliederungssystem**).

Die sich an die Aufgabenanalyse anschließende **Aufgabensynthese** fasst einzelne Teil- und Elementaraufgaben zu **Aufgabenkomplexen** zusammen, mit dem Ziel diese Teilaufgaben so aufeinander abzustimmen, dass sie einen sachlogischen Zusammenhang, zur Erfüllung des Betriebszwecks ergeben. Sie bilden ein **Aufgabengefüge**. Darüber hinaus hat die Aufgabensynthese das Ziel, die Teil- oder Elementaraufgaben derart zusammenzufassen, dass sie sich auf **Aufgabenträger** (Einzelpersonen oder Personengruppen) zuordnen lassen, um unter Einsatz von Sachmitteln und Informationen von diesen erfüllt zu werden (**Aufgabengefügesystem**). Die Aufgabensynthese führt zur Bildung von **Stellen** und Schaffung von (Entscheidungs-)**Instanzen**.

Der **funktionale Aspekt der Organisation** beschreibt diese als Tätigkeit, d.h. der Betrieb *wird* organisiert.

Bei dem funktionalen Organisationsbegriff steht die Strukturierungstätigkeit im Sinne einer Differenzierung des Betriebs in Subsysteme und der Synthese zu einem zielgerichteten Ganzen im Mittelpunkt der Betrachtung.

Die Strukturierung der Organisation bezieht sich auf deren Prozessstruktur. Die **Prozessstruktur** beschreibt die immateriellen und materiellen Prozessen (inhaltliche Aspekte) im Unternehmen unter räumlichen und zeitlichen Aspekten. Sie wird als **Ablauforganisation** bezeichnet und beschreibt die strukturelle Ordnung der Prozesse des Aufgabenvollzugs.

Aufgrund unterschiedlicher Ausprägungen werden abgegrenzt die

- INFORMALE ABLAUFSTRUKTUREN DER ORGANISATION UND
- FORMALE ABLAUFSTRUKTUREN DER ORGANISATION.

INFORMALE ABLAUFSTRUKTUREN DER ORGANISATION

Informale Strukturen werden durch Aktivitäten beschrieben, die sich durch individuelle Ziele, Vorstellungen, Wünsche und Verhaltensweisen der Arbeitnehmer als soziale Struktur einer Organisation (informelle Gruppen) ergeben.

FORMALE ABLAUFSTRUKTUREN DER ORGANISATION

Formale (Ablauf-)Strukturen der Organisation beschreiben einen rational geschaffenen Prozess zur Erfüllung des Betriebszwecks. Diese formalen Strukturierungstätigkeiten lassen sich bestimmen durch die

- ABLAUFANALYSE UND
- ABLAUFSYNTHESE.

Die **Ablaufanalyse** geht in Analogie zur Aufgabenanalyse von der Gesamtaufgabe des Unternehmens, d.h. vom Betriebszweck aus. Dieser meist global formulierte Betriebszweck kann nicht direkt erfüllt werden, sondern zu dessen Erreichung wird er in prozessuale Strukturen (Aufgaben) sukzessiv aufgegliedert. Diese Prozessstrukturen werden nach räumlichen und zeitlichen Aspekten bis hin zu **Elementarprozessen** zerlegt. Ziel ist es, einzelne Arbeitsprozesse zu bestimmen. Es entsteht ein Aufgabengliederungsgefüge, das den in Teilprozesse zerlegten Gesamtprozess mitsamt den bestehenden Beziehungen darstellt (**Ablaufgliederungssystem**).

ABLAUFSYNTHESE

Die **Ablaufsynthese** fasst einzelne Teil- und Elementarprozesse zu Prozessualkomplexen zusammen, mit dem Ziel, die einzelnen Prozesse inhaltlich, zeitlich und räumlich so aufeinander abzustimmen, dass sie der Erreichung des Betriebszwecks dienen. Sie bilden ein **Prozessgefüge**. Darüber hinaus hat die Ablaufsynthese das Ziel, die einzelnen Teil- oder Elementarprozesse derart zusammenzufassen, dass sie sich auf **Prozessträger** (Einzelpersonen oder Personengruppen) zuordnen lassen. Die Ablaufsynthese führt – analog zur Aufgabensynthese – zur Bildung von **Stellen** und Schaffung von (Entscheidungs-)-**Instanzen**.

Der **instrumentale Aspekt der Organisation** beschreibt die Organisation als gefügehafte Ordnung, d.h. der Betrieb *hat* eine Organisation. Das Ergebnis der Tätigkeit des Organisierens, also die Erstellung einer gefügehaften Ordnung als bewusste Anordnung der Elemente des Systems Betrieb und die Festlegung der Beziehungen der Elemente untereinander wird als die Organisation des Betriebs betrachtet. Das Ergebnis dieser Aktivitäten ist ein System von finalen Regeln zur zielgerichteten Ausrichtung des Betriebs. Diese bewusste Anordnung der Elemente des Systems Betrieb und der Festlegung des Beziehungsgeflechts der Elemente untereinander wird als (instrumentaler Aspekt der) Organisation des Betriebs bezeichnet.

Die Organisation ist das Ergebnis eines genau strukturierten Vorgehens von Entscheidungen. Dieses betrieblich formalzielorientierte Regelwerk, das von genereller Art und dauerhaft strukturierende Wirkung – zumindest für einen langen Zeitraum – ist, wird als **Planung** bezeichnet.

Demgegenüber ist abzugrenzen die

- IMPROVISATION UND
- DISPOSITION.

IMPROVISATION

Improvisationen sind betriebliche Ad-hoc-Regelungen, die in situationsbedingter, intuitiv emotionaler sowie erfahrungsbedingter Weise durchgeführt werden. Sie sind provisorischer Natur und haben einen vorläufigen Charakter, d.h. auf kurze Sicht eine gültige strukturierende Wirkung. Auf eine sorgfältige Analyse der zugrundeliegenden Entscheidungssituationen wird verzichtet. Angemerkt sei, dass in der Praxis oft provisorische Regelungen dauerhafter sind als geplante.

Dispositionen sind betriebliche Regelungen, die fallweise einzeln getroffen werden und den Charakter zeitlich sowie sachlich beschränkter Detailverfügungen aufweisen. Mit einen steuerndem Einfluss auf das betrachtete Partialsystem besitzen Dispositionen keine konstitutive Wirkung (grundlegende Wirkung) auf das Gesamtsystem Unternehmen.

Die Erstellung von formalen Regeln eines Systems ist abhängig von

- der Gleichartigkeit der betrieblichen Prozesse und/ oder
- der Repetitierbarkeit der betrieblichen Prozesse.

Eine dauerhafte strukturierte Ordnung führt zu einer Vereinheitlichung in der betrieblichen Aufgabenerfüllung; bei gleichartig betrieblichen Prozessen werden durch die Schaffung von Regelungen Störungen vermieden (Prinzip der Stabilität). Dies führt zu der negativen Wirkung, dass durch intensiv betriebene generelle Regelungen die Flexibilität (Anpassungsfähigkeit) des Systems Unternehmen Einschränkungen erfährt (Prinzip der Flexibilität). Es herrscht ein Konflikt zwischen stabilen, und somit nicht flexiblen generellen Regelungen (in Fällen der Überorganisation) und instabilen, aber flexiblen Regelungen (in Fällen der Unterorganisation), den es auszugleichen gilt (Prinzip des organisatorischen Gleichgewichts).

6.2.2 Aufbauorganisation

Abbildung 56 - Aufbauorganisation

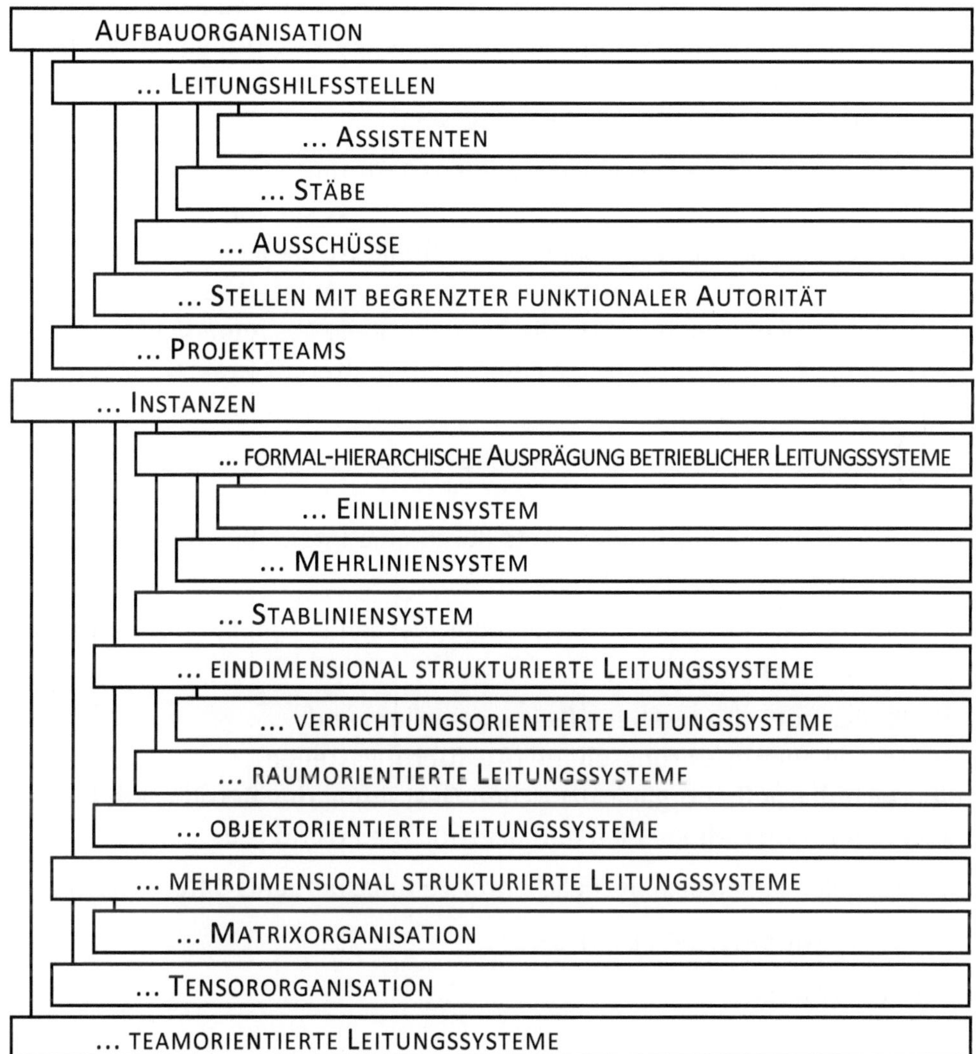

Im Rahmen der (formalen) **Aufbauorganisation** werden die Elemente des Systems Betrieb und ihre Beziehungen in Über- und Unterordnungsverhältnisse zueinander gebracht. Ausgehend von der Gesamtaufgabe des Unternehmens wird diese zerlegt (**Aufgabenanalyse**) und einzelne Teil- und Elementaraufgaben werden zu Aufgabenkomplexen zusammengefasst (**Aufgabensynthese**), denen Aufgabenträger zugeordnet werden. Die Aufbauorganisation beschreibt als Gebildestruktur das Unternehmen.

Im Rahmen der **Aufgabensynthese** werden Teil- und Elementaraufgaben zu Aufgabenkomplexen derart zusammengefasst, dass sie von Aufgabenträgern (sog. Stellen) erfüllt werden können. Eine **Stelle** ist die kleinste organisatorische Einheit, die durch ihre Aufgabe und die verwendeten Sachmittel und Informationen gekennzeichnet ist. Die zu einer Stelle zusammengefassten Einzelaufgaben sollen grundsätzlich einen dauerhaften Charakter haben, klar voneinander abgrenzbar sein und mit anderen Stellen koordinierbar sein.

Die **Stellenbildung** sollte objektiv geschehen, d.h. auf einen imaginären Aufgabenträger bezogen sein. Eine Personalisierung der Stelle mit einem oder mehreren Stelleninhabern sollte stets durch eine intersubjektiv nachvollziehbare Personalauswahl erfolgen.

Die Stellen innerhalb eines Unternehmens werden in Hinblick auf ihre Aufgabenmerkmale benannt in

- Stellen auf Leitungsebene (**Leitungsstellen**) und
- Stellen auf Ausführungsebene (**Ausführungsstellen**).

Im Bereich der aufbauorganisatorischen Gestaltung des Betriebs kommt den **Stellen auf Leitungsebene** eine herausgehobene Position zu.

Leitungsstellen lassen sich bezüglich ihrer Leitungsbefugnis differenzieren in:

- LEITUNGSHILFSSTELLEN UND

- INSTANZEN.

Leitungshilfsstellen sind ausschließlich Unterstützungs- und Entlastungsorgane der Instanzen, die grundsätzlich über keine Entscheidungs- oder Verfügungskompetenzen verfügen. Zu den Leitungshilfsstellen lassen sich zählen:

- ASSISTENTEN,
- STÄBE,
- AUSSCHÜSSE,
- STELLEN MIT BEGRENZTER FUNKTIONALER AUTORITÄT,
- PROJEKTTEAMS UND
- INSTANZEN.

ASSISTENTEN

Assistenten sind monopersonale Leitungshilfsstellen, die für eine oder mehrere Instanzen Informationen beschaffen, sammeln, aufbereiten und speichern. Sie sind interne Dienstleistungs(hilfs)stellen.

STÄBE

Stäbe sind multipersonale Leitungshilfsstellen, die aufgrund ihrer oft multidisziplinären Zusammensetzung einer qualifizierten Entscheidungsvorbereitung dienen. Stäben werden weder eine Entscheidungs- noch eine Anweisungskompetenz eingeräumt.

AUSSCHÜSSE

Ein **Ausschuss** (Kollegium, Kommission, Komitee) ist ein multipersonales Gremium, in dem Handlungsträger verschiedener Stellen unabhängig von ihrer hierarchischen Position im Betrieb einen Teil ihrer Arbeitszeit zusammenarbeiten, um ihre Kommunikation zu vereinfachen und Spezialkenntnisse der einzelnen Mitglieder zu nutzen.

In Bezug auf die Zeitdauer können differenziert werden **befristete Ausschüsse** bspw. für eine bestimmte Aufgabe (Arbeitskreis) oder **unbefristete Ausschüsse** bspw. der Forschungs- und Entwicklungs- sowie Investitionsausschuss.

Werden Ausschüsse bezüglich ihrer Kompetenzen eingeteilt, so werden unterschieden Informationsausschüsse sowie Beratungsausschüsse.

STELLEN MIT BEGRENZTER FUNKTIONALER AUTORITÄT

Nur wenige Stellen verfügen über Entscheidungs- oder Verfügungskompetenzen wie bspw. die Organisationsabteilungen, die im Rahmen einer effizienten Tätigkeit mit einer limitierten Autorität versehen sind.

PROJEKTTEAMS

Projektteams sind Leitungshilfsstellen, die ungeachtet hierarchischer Ebenen in Unternehmen multipersonal zusammengesetzt sind und lediglich für eine begrenzte Zeit und für fest umrissene Aufgaben gebildet werden.

INSTANZEN

Instanzen sind Leitungsstellen mit bestimmten, unterschiedlich ausgeprägten Weisungs- und Vertretungs-, Entscheidungs- sowie Verfügungs- und Informationskompetenzen gegenüber ihren untergeordneten Stellen.

Im Rahmen der Aufbauorganisation stellt dieses Beziehungssystem der Stellen auf Leitungsebene in Form von Unter- und Überverhältnissen eine (Gebilde-)Grundstruktur in der betrieblichen Praxis dar. Die formale Anordnung der Leitungsstellen, das betriebliche **Leitungssystem**, stellt einen wichtigen strukturellen Koordinationsmechanismus im Betrieb dar, meist beruhend auf einer hierarchisch strukturierten Aufgabensynthese. Nach dem Kriterium der hierarchischen Orientierung werden folgende Gebildestrukturen voneinander abgegrenzt

FORMAL-HIERARCHISCHE AUSPRÄGUNG BETRIEBLICHER LEITUNGSSYSTEME

Leitungssysteme lassen sich auf wenige formale (Gebilde-)Grundstrukturen zurückführen, die sich in der betrieblichen Praxis in reiner oder häufiger in verifizierter Form wiedererkennen lassen.

Eine Hierarchie eines Leitungssystems kann beschrieben werden aufgrund der Ausgestaltung der Systemelemente mit

- **Leitungsfunktionen** in Bezug auf ihre **Gliederungsbreite**, der Leitungsspanne, die durch die quantitativen Aufgabenträger der Instanz charakterisiert ist sowie ihre **Gliederungstiefe**, die sich durch die Anzahl der Hierarchiestufen beschreiben lässt als auch aufgrund ihrer
- **Kompetenzen** in Bezug auf ihre **Weisungs- und Entscheidungsbefugnisse** in einer hierarchischen Struktur, in der die Stellen aufgrund weisungsrechtlicher Beziehungen zueinander stehen (Beziehungen innerhalb des Systems Betrieb) sowie der **Umwelt-Betrieb-Beziehungen** (Beziehungen außerhalb des Systems Betrieb).

Entsprechend den Weisungs- und Entscheidungsbefugnissen – den Kompetenzabstufungen – können drei Grundformen voneinander abgegrenzt werden

- EINLINIENSYSTEM,
- MEHRLINIENSYSTEM UND
- STABLINIENSYSTEM.

Das **Einliniensystem**, das auf *Fayol* zurückgeht, strukturiert eine Organisation nach einem eindeutigen Instanzenweg: jede untergeordnete Stelle hat nur von einer vorgesetzten Stelle Anweisungen zu erhalten; es gilt das Prinzip der einheitlichen Auftragserteilung und des Auftragsempfangs. Die Abbildung veranschaulicht das Einliniensystem schematisch.

Abbildung 57 - Schema eines Einliniensystems

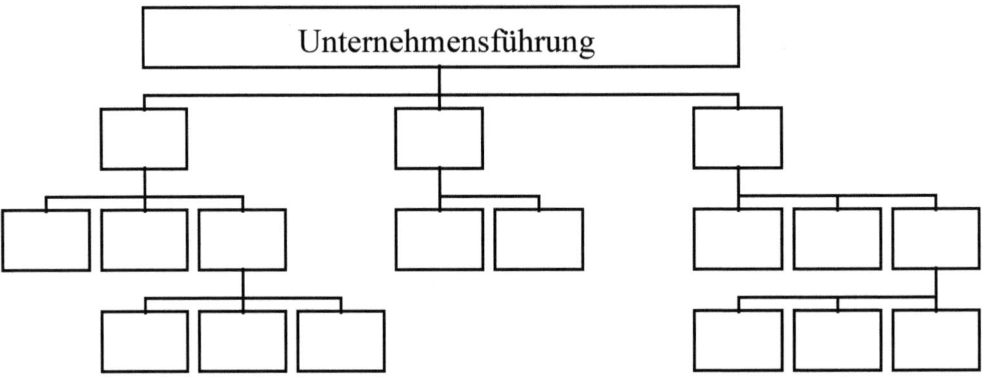

Abbildung 58 - Vor- und Nachteile des Einliniensystems

Die Vor- und Nachteile des Einliniensystems zeigt die nachstehende Abbildung.

Einliniensystem

Vorteile

- strenge, hierarchisch einfache Struktur;
- eindeutige Regelungen in Bezug auf Verantwortung, Kompetenzen sowie Unter- und Überordnungsverhältnissen;
- keine Kompetenzüberschneidungen.

Nachteile

- übergeordnete Instanzen werden stark durch Koordinationsaufgaben belastet;
- fachliche Überforderung der Zwischen- und der oberen Instanzen;
- Abhängigkeit der untergeordneten Einheiten von übergeordneter Instanz;
- starre Entscheidungsfindung (Schwerfälligkeit);
- starres System mit wenig dynamischen Möglichkeiten.

Das **Mehrliniensystem** geht auf *Taylor* zurück und beschreibt ebenfalls eine formal-hierarchische, betriebliche Leitungsstruktur, in der im Gegensatz zum Einliniensystem kein Dienstwegprinzip, sondern ein Funktions-(meister-)system existiert: für jede Stellen dürfen mehrere übergeordnete Instanzen aus verschiedenen spezialisierten Aufgabenbereichen Weisungen erteilen. Es gilt das Prinzip des kürzesten Weges durch entsprechende funktionsspezifische Kompetenz- und Anweisungsbefugnisse.

Abbildung 59 - Schema eines Mehrliniensystems

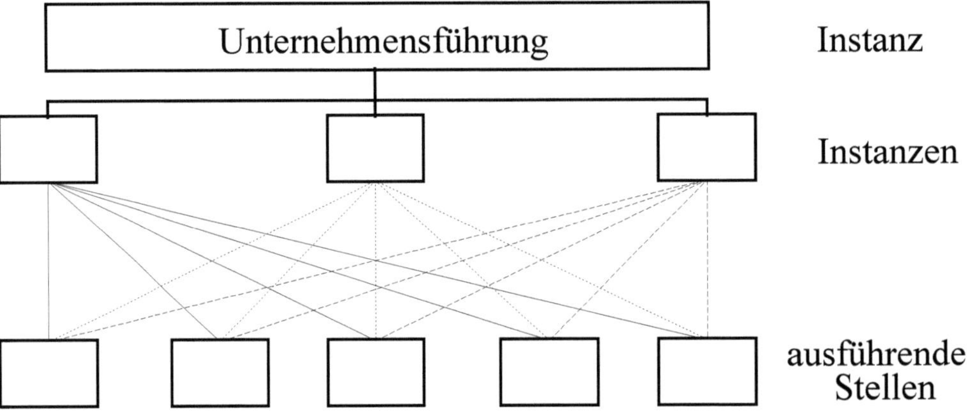

Abbildung 60 - Vor- und Nachteile des Mehrliniensystems

Mehrliniensystem

Vorteile

- fachliche Fundierung von Entscheidungen;
- hohe Flexibilität des betrieblichen Entscheidungsverhaltens durch
- direkte Informationswege und
- direkte Weisungswege.

Nachteile

- Kompetenzüberschneidungen unter den Fachspezialisten durch unscharfe Abgrenzung von Verantwortlichkeiten, Zuständigkeiten und Weisungsrechten;
- hohes fachliches und persönliches Konfliktpotenzial;
- unkoordiniertes, oft nicht gesamtunternehmens- und zielorientiertes Entscheiden und Handeln in den ausführenden Stellen;
- schwierige Zurechenbarkeit von Miss- und Erfolgen.

Das Stabliniensystem als eine Sonderform des Einliniensystems ist dadurch gekennzeichnet, dass bestimmten Instanzen der höheren Leitungsebene Stäbe als Leitungshilfsstellen zugeordnet sind. Die Stäbe sollen die Nachteile des Einliniensystems in Bezug auf deren Belastung und geringen fachlichen Spezialisierung beseitigen, ohne die Nachteile des Mehrliniensystems in Bezug auf Kompetenzüberschneidungen einzubringen.

Die Abbildung verdeutlicht die Struktur des Stabliniensystems.

Abbildung 61 - Schema eines Stabliniensystems

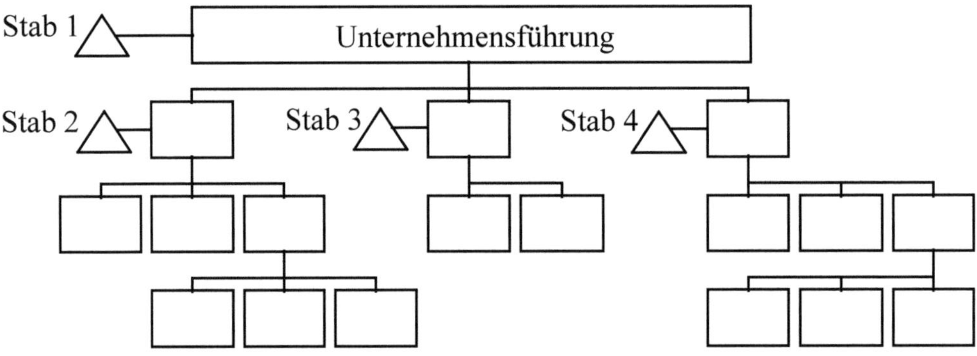

Das Stabliniensystem ist ein Versuch, die Vorteile des Einliniensystems mit denen des Mehrliniensystems zu verbinden. Die Vor- und Nachteile des Stabliniensystems zeigt die nachstehende Abbildung.

Abbildung 62 - Vor- und Nachteile des Stabliniensystems

Stabliniensystem

Vorteile

- übersichtliche Struktur des Einliniensystems bleibt erhalten;
- einheitlicher Instanzenweg;
- klare Kompetenzabgrenzungen;
- Nutzung von Spezialisierungskompetenzen;
- Stäbe haben Beratungsfunktion.

Nachteile

- Aufbereitung von Informationen unter präjudizierten Aspekten mit dem Effekt einer faktischen Verlagerung der Entscheidungskompetenz auf den Stab;
- Konfliktgefahr durch Trennung von Entscheidungsvorbereitung und Entscheidung;
- Konflikte durch stabsorientiertes Bereichsdenken und -egoismus;
- Blockierung von Stäben durch Verfälschung oder Unterdrückung von Informationen;
- persönliche Antipathien von Linie und Stab.

Als **Leitungssysteme mit eindimensionaler Strukturierung** lassen sich Aufbauhierarchien kennzeichnen, die ausschließlich nach einem prägnanten Kriterium gegliedert sind. Charakteristisch für diese Leitungssysteme ist ausschließlich die zweite Leitungsebene. Auf der zweiten Gliederungsebene der betrieblichen Hierarchie finden Verwendung

- VERRICHTUNGSORIENTIERTE LEITUNGSSYSTEME,

- RAUMORIENTIERTE LEITUNGSSYSTEME UND

- OBJEKTORIENTIERTE LEITUNGSSYSTEME.

VERRICHTUNGSORIENTIERTE LEITUNGSSYSTEME

Beim **verrichtungsorientierten Leitungssystem** sind die Verantwortlichkeiten (Kompetenzen) der zweiten Hierarchieebene nach Tätigkeiten (Funktionen) festgelegt wie bspw. in betriebliche Bereiche der Leistungsbeschaffung, -erstellung, -verwertung, des Finanz- und Rechnungswesens sowie der Verwaltung. Die darauffolgende Ebene kann sowohl nach funktionalen als auch nach objektbezogenen Kriterien weiter untergliedert werden. Die folgende Abbildung zeigt ein funktionales Leitungssystem, bei dem über alle hierarchischen Ebenen hinweg nach dem Verrichtungsprinzip verfahren wird.

Abbildung 63 - Beispiel für ein verrichtungsorientiertes Leitungssystem

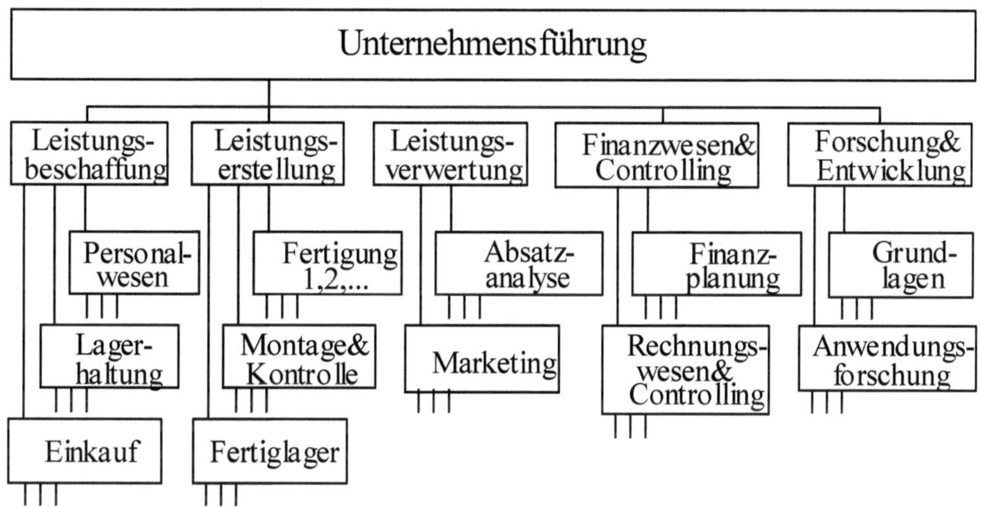

Bei **regionalorientierten Leitungssystemen** wird die zweite Hierarchieebene nach einheitlichen Geschäfts- oder Regionaleinheiten gegliedert. Aufgaben, die das Gesamtunternehmen betreffen, werden i.d.R. in Zentralbereichen zusammengefasst wie bspw. das Finanz- und Rechnungswesen, Personal-, und Rechtswesen sowie die Elektronische Datenverarbeitung und gegebenenfalls die Forschung und Entwicklung.

Abbildung 64 - Schema eines raumorientierten Leitungssystems

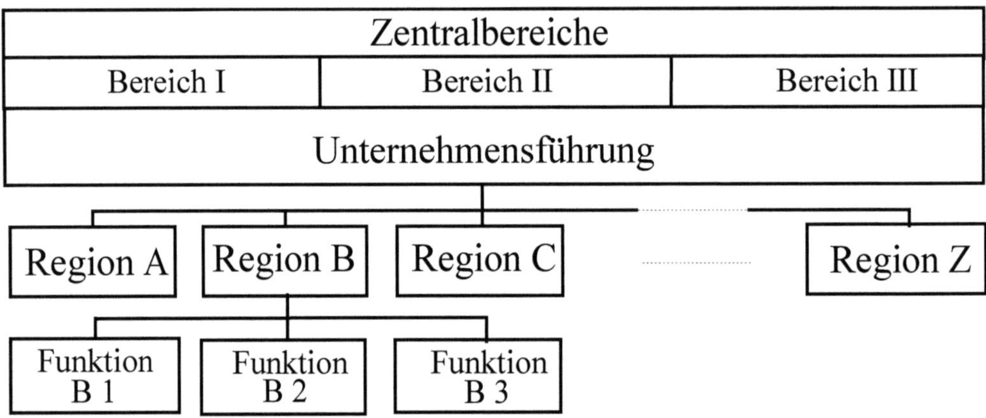

Objektorientierte Leitungssysteme sind ausgerichtet auf die Leistungen, die im Leistungserstellungsprozess erbracht werden. Die Verantwortlichkeiten (Kompetenzen) der zweiten Hierarchieebene werden nach den Objekten der Leistungserstellung in sog. **Sparten** oder **Divisionen** festgelegt, die einer einheitlichen Leitung (Division-Manager) unterstellt werden. Aufgaben, die das Unternehmen als Ganzes betreffen oder die zusammengefasst wirtschaftlicher geleistet werden können als in den einzelnen Divisionen, werden in Zentralbereiche verlagert wie bspw. das Finanz- und Rechnungswesen, Personal-, und Rechtswesen sowie die Elektronische Datenverarbeitung und gegebenenfalls die Forschung und Entwicklung.

Abbildung 65 - Schema eines objektorientierten Leitungssystems

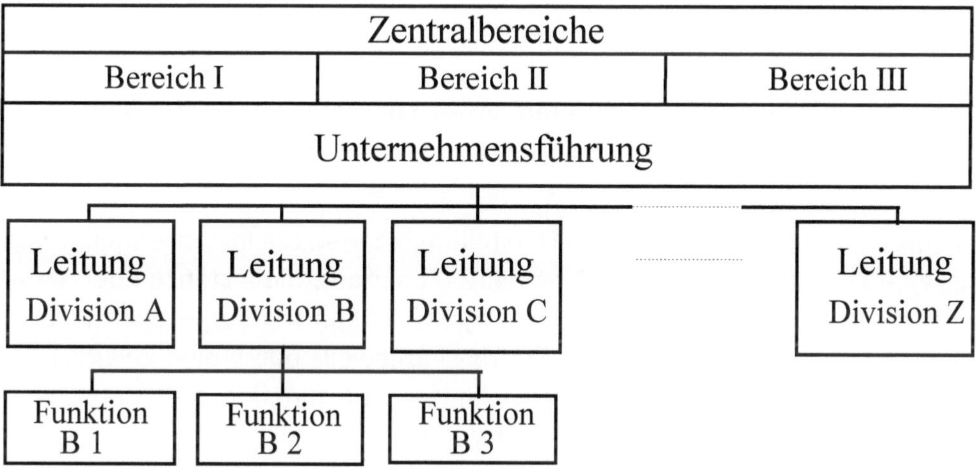

Beim **Leitungssystem mit mehrdimensionaler Strukturierung** lassen sich Aufbauhierarchien dadurch kennzeichnen, dass zwei oder mehr Verantwortlichkeiten (Kompetenzen) in der zweiten Gliederungsebene präsent sind. Dabei wird von der modelltheoretischen Idealbetrachtung ausgegangen, dass die Kompetenzen grundsätzlich gleichrangig sind, wo hingegen in der Praxis oft asymmetrische Kompetenzverschiebungen zu beobachten sind.

Zu der mehrdimensionalen Strukturierung der Leitungssysteme auf der zweiten Hierarchieebene lassen sich zählen die

- MATRIXORGANISATION UND
- TENSORORGANISATION.

MATRIXORGANISATION

Die **Matrixorganisation** ist ein zweidimensionales Leitungssystem, bei dem auf der zweiten Ebene der Hierarchie verschiedene Aspekte Berücksichtigung finden sollen: durch die objektorientierten Kompetenzen wird eine gezielte Koordination bei der Durchführung von Funktionen erreicht, an deren Erfüllung mehrere betriebliche Bereiche beteiligt sind.

Entsprechend der schematischen Darstellung können die Instanzen (Führung) der einen Art als Elemente der Vorspalte (Funktion), die Instanzen der anderen Art als Elemente der Kopfzeile (Objekte) graphisch dargestellt werden. Die Felder (Stellen) innerhalb der Matrix sind jeweils durch eine Zweifachunterstellung gekennzeichnet: zum einen unter eine funktionsorientierte, zum anderen unter eine objektorientierte Instanz.

Abbildung 66 - Schema einer Matrixorganisation

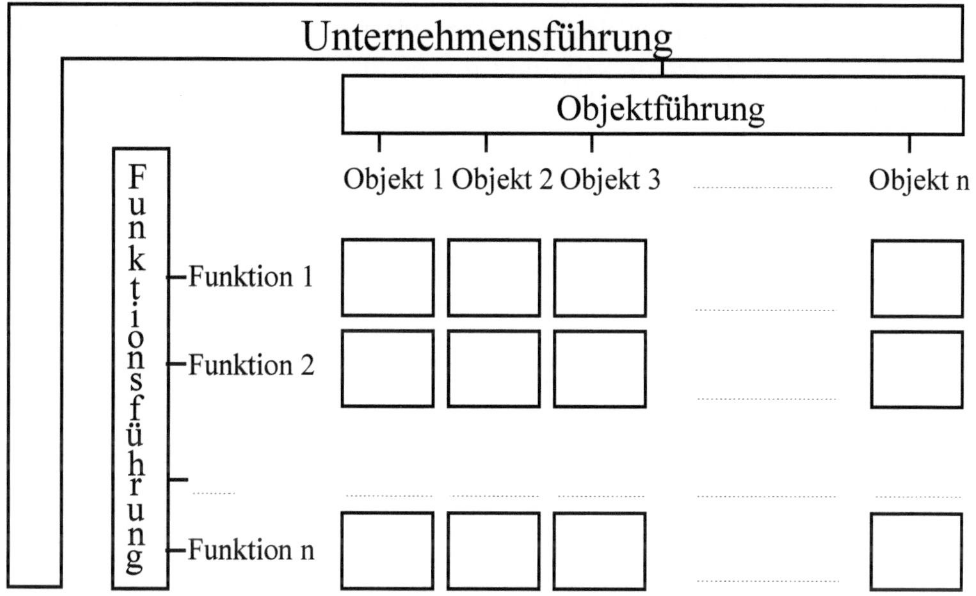

Je nachdem, ob die in dem oben abgebildeten Schema Objekte Produkte bzw. Produktgruppen oder funktionsübergreifende Planobjekte sind, korrespondieren mit diesen die in der Praxis auftretenden Formen das **Produktmanagement** oder das **Projektmanagement**.

Herrscht auf der zweiten Hierarchieebene nicht nur ein zweidimensionales Leitungssystem, sondern ein drei- oder höherdimensionales, dann wird vom **Tensor-Konzept** gesprochen. Aufgrund der oft unübersichtlichen Strukturen und mehrschichtigen Ebenen ist das Konfliktpotenzial als hoch anzusehen, wodurch dieses Konzept praktisch auf große Akzeptanzprobleme stößt.

Abbildung 67 - Modell eines mehrdimensionalen Tensors

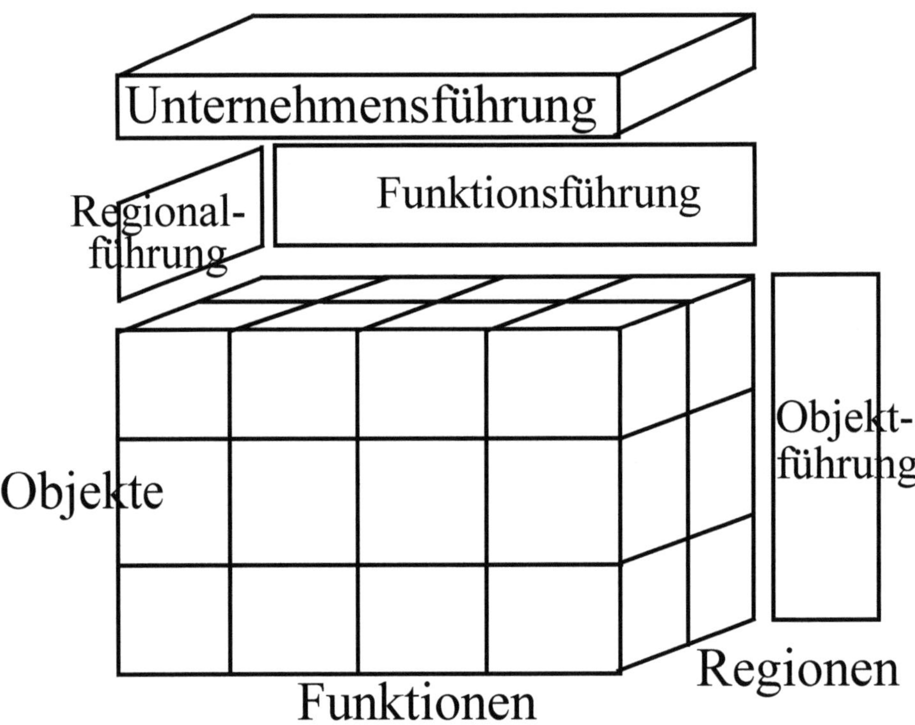

Als Grundmodell wird ein dreidimensionales **Tensormodell** mit Verrichtungs-, Raum- und Objektorientierung aufgezeigt.

Zur Lösung komplexer, mehrere unterschiedliche Funktionsbereiche übergreifender Entscheidungen wird ein (Planungs-)Team benötigt.

Ein **Planungsteam** ist dadurch gekennzeichnet, dass die Spezialisten entsprechend der jeweiligen Entscheidungsprobleme aus unterschiedlichen Unternehmensbereichen, die von der Entscheidung betroffen sind, zusammengezogen werden, um aufgrund ihres speziellen Erfahrungs- und Kenntnisstands einen Beitrag zur Problemlösung zu erbringen.

Während ein Stab als Leitungshilfsstelle permanent existiert, ist ein Team eine ad-hoc gebildete Gruppe zur Verbesserung außergewöhnlicher Entscheidungsprobleme, jedoch ohne Entscheidungs- und Anordnungskompetenz. Ein Team ist kein fester Bestandteil der betrieblichen Aufbauorganisation. Der Vorteil eines Teams liegt in der Berücksichtigung von Spezialistenwissen schon in der Vorbereitungsphase von Entscheidungen, wodurch ein hohes Maß an Akzeptanz unter den beteiligten Bereichen erreicht wird.

6.2.3 Ablauforganisation

Abbildung 68 - Ablauforganisation

<table>
<tr><td>ABLAUFORGANISATION</td></tr>
<tr><td>... STRUKTURIERUNG DES ARBEITSABLAUFS</td></tr>
<tr><td>... ZUORDNUNG VON TEILPROZESSEN AUF STELLEN</td></tr>
</table>

Während sich die Aufbauorganisation schwerpunktmäßig auf die Gebilde-strukturen des Unternehmens hinsichtlich der institutionalen Gliederung in verrichtungs- und objektorientierten Einheiten und deren Koordination bezieht, ist die **Ablauforganisation** mit der Prozessstrukturierung, d.h. mit der zeitlichen und räumlichen Strukturierung des Aufgabenvollzugs befasst.

In Analogie zur Aufbauorganisation finden die Teilprozesse Analyse und Synthese bei der Ablauforganisation statt, jedoch steht hier der prozessuale Charakter der Aufgaben, des Aufgabenvollzugs im Mittelpunkt der Betrachtung. Im Rahmen der **Ablaufanalyse** werden Teilaufgaben nach ihrer Raum- und Zeitorientierung weiter untergliedert mit dem Ziel, einzelne Arbeitsprozesse zu bestimmen. Die **Ablaufsynthese** verkettet die aus der Ablaufanalyse resultierenden einzelnen Arbeitsprozesse, um sie nach unterschiedlichen Kriterien ablauforientiert so aufeinander abzustimmen, dass ein bestmögliches Erreichen des verfolgten Betriebsziels gewährleistet wird.

Als Aufgaben der Ablauforganisation sind zu sehen

- STRUKTURIERUNG DES ARBEITSABLAUFS UND
- ZUORDNUNG VON TEILPROZESSEN AUF STELLEN.

Der Arbeitsablauf muss hinsichtlich inhaltlicher, zeitlicher und räumlicher Kriterien strukturiert werden.

Beim **inhaltlichen Aufgabenvollzug** liegt der Betrachtungsschwerpunkt in der Verkettung einzelner Teilaufgaben und -prozesse mit dem Ziel, das Betriebsziel bestmöglich zu erreichen wie dies bei der Aufgabensynthese geschehen ist.

Der **zeitliche Aufgabenvollzug** regelt die temporären Bedingungen, unter denen die Prozesse des Aufgabenvollzugs abzulaufen haben, ebenso der räumliche Aufgabenvollzug. Da alle betrieblichen Prozesse des Aufgabenvollzugs zwangsläufig aufgrund zeitlicher und räumlicher Aspekte determiniert sind und demzufolge auch zwingend einer Struktur bedürfen, liegt hierin die zentrale Aufgabe der Ablauforganisation. So geht es bei der Ablauforganisation bspw. um die Festlegung einzelner Arbeitsgänge und ihre Zusammenfassung zu Arbeitsfolgen mit entsprechender Takt- und Rhythmenabstimmung sowie Terminierungs-, Reihenfolge- und (innerbetriebliche) Standortfragestellungen.

ZUORDNUNG VON TEILPROZESSEN AUF STELLEN

Eine weitere Aufgabe besteht in der Schaffung von dauerhaften Regelungen der prozessabhängigen Gestaltung von Arbeitsabläufen unter Zugrundelegung der Aufbauorganisation des Unternehmens durch **Zuordnung von Teilprozessen auf Stellen.** Diese ist notwendig, da einzelne Teilprozesse nur durch den Einsatz von Menschen, andere durch den Einsatz von Menschen und Sachmitteln vonstattengehen können. Hier wird deutlich, dass sich Aufbau- und Ablauforganisation gegenseitig bedingen und wechselseitig aufeinander aufbauen: Einerseits liefern aufbauorganisatorische Festlegungen von **Stellen** als kleinste Einheiten den formalen (aufbau-)strukturellen Rahmen, innerhalb dessen sich die erforderlichen Arbeitsprozesse vollziehen können, andererseits kann ein solcher Rahmen nur sinnhaft fixiert werden, wenn genaue Vorstellungen über die Arbeitsprozesse bestehen, die sich innerhalb dieses Rahmens vollziehen sollen. Sind aufgrund ablauforganisatorischer Gesichtspunkte Veränderungen in der Aufbauorganisation notwendig, so wird deutlich, dass im Einzelfall ausschließlich über iteratives Vorgehen in einer

Vielzahl von Schritten ein Abgleich zwischen der Prozessstruktur der Ablauf-organisation und der Gebildestruktur der Aufbauorganisation vorgenommen werden kann.

Sachwortregister

Literaturliste

Literatur zu Band 6:

Blohm, Hans; Beer, Thomas; Seidenberg, Ulrich, Silber, Herwig: Produktionswirtschaft, 1. Aufl., Herne/ Berlin, 1987.

Fayol, Henri (1841-1925): Administration industrielle et générale 1916, Nachdruck Paris, 1966, S.84ff.

Neuhof, Bodo: Grundzusammenhänge von Planung, Organisation und Kontrolle, in: Krabbe, E. (Hrsg.), Leitfaden zum Grundstudium der Betriebswirtschaftslehre, ab 7. Aufl., Gernsbach, 2003, S. 59ff.

Peters, Sönke: Betriebswirtschaftslehre, ab 12. Aufl., München, 2005.

Pfohl, H.-Chr./ Kellerwessel, P.: Abgrenzung der Klein- und Mittelbetriebe von Großbetrieben, in: Pfohl, H.-Chr. (Hrsg.), Betriebswirtschaftslehre der Mittel- und Kleinbetriebe, Berlin, 2006.

Schanz, Günther: Wissenschaftsprogramme der Betriebswirtschaftslehre, in: Bea; Dichtl; Schweitzer (Hrsg.): Allgemeine Betriebswirtschaftslehre, Band 1: Grundlagen, ab 9. Aufl., Stuttgart, Jena, 2004, S.57ff.

Schierenbeck, Henner: Grundzüge der Betriebswirtschaftslehre, ab 17. Aufl., München, Wien, 2008.

Specht, Günter: Einführung in die Betriebswirtschaftslehre, Stuttgart, 2005.

Steinbuch, Pitter A.; Organisation, ab 13. Auf., Ludwigshafen (Rhein), 2003.

Steiner, Manfred: Konstitutive Entscheidungen, in: Vahlens Kompendium der Betriebswirtschaftslehre, Band 1, ab 5. Aufl., München, 2005, S. 115ff.

Taylor, Frederick W.: The Principles of Scientific Management, 1911; in Deutsch: Die Grundsätze wissenschaftlicher Betriebsführung, München, Berlin, 1917, S. 38ff.

Wöhe, Günter: Einführung in die allgemeine Betriebswirtschaftslehre, 25. Aufl., München, 2013.

Über den Autor

Email: ecl@eikeclausius.de; Homepage: www.eikeclausius.de;

www.EIKE-Methode.de

Dr. Eike Clausius studierte Wirtschaft und Chemie in Berlin, Niederlanden, Tschechoslowakei und den U.S.A. und schloss sein Studium als Wirtschaftsingenieur an der TU Berlin mit dem Dipl.-Ingenieur/ TU 1983 ab.

Nach mehrjähriger Tätigkeit in der Industrie promovierte er 1992 zum Dr. rer. oec. an der TU Berlin. 1994 erhielt er einen Ruf zum Professor auf den Lehrstuhl für Allgemeine Betriebswirtschaftslehre an die Westsächsischen Hochschule Zwickau in Sachsen.

Seine Forschungs- und Speziallehrgebiete: Unternehmensführung mit emotionaler Kompetenz, insbesondere die **EIKE-Methode** – **E**motionale **I**ntelligenz **K**ompetent **E**insetzen.

Er ist Bestseller-Autor mehrerer wissenschaftlicher Bücher, Healthy-Living- und Mental-Coach sowie Persönlichkeits-Trainer. Er ist in unterschiedlichen Unternehmen als Coach sowie All-umfassender Trainer tätig.

Mit seiner Familie lebt er in Berlin.

Kontakt zum Autor für Seminarinteressierte, Unterstützer seiner Forschungsgebiete und Sponsoren:

Homepage: www.eikeclausius.de

Email: ecl@eikeclausius.de

<u>Notizen</u>

<u>Notizen</u>

<u>**Notizen**</u>

<u>Notizen</u>

<u>Notizen</u>